INFIZIERT COVID-19 AUCH DAS FINANZSYSTEM?

VORTRAG IM RAHMEN DER GESAMTSITZUNG DER ÖSTERREICHISCHEN AKADEMIE DER WISSENSCHAFTEN AM 2. JULI 2020

ÖAW

INFIZIERT COVID-19 AUCH DAS FINANZSYSTEM?

JOSEF ZECHNER

Vielen Dank für die einführenden Worte, für Ihr Interesse und dafür, dass Sie zu später Stunde an einem so schönen Sommerabend hiergeblieben sind.

Inwieweit COVID-19 auf das Finanzsystem überspringen wird, ist primär eine medizinische Frage und wird davon abhängen, wie rasch ein Impfstoff und medikamentöse Lösungen des Problems verfügbar werden. Ich werde in meinem Vortrag darauf eingehen, über welche Kanäle diese Risiken in das breitere Wirtschaftssystem oder Finanzsystem einfließen können und wo sich aus meiner Sicht bereits Risiken aufgebaut haben.

Es freut mich sehr, dass Gouverneur Robert Holzmann sich die Zeit genommen hat, heute zu uns zu stoßen. Das bedeutet, ich kann mich entspannen, da alle schwierigen Fragen dann an Kollegen Holzmann weitergegeben werden können.

Ich werde mit einem Überblick darüber beginnen, was sich derzeit an den Finanzmärkten abspielt, was aus den Preisen der verschiedenen Produkte ersichtlich ist. Im Hauptteil werde ich darauf eingehen, über welche Kanäle dies auf das Finanzsystem überschlagen kann. Ich betone, das Risiko entsteht durch die zunehmende „Verschuldung". Diese entwickelt sich auf der Zentralbankebene, auf der Corporate-Ebene, also der Unternehmensebene und auch auf der Länderebene, gekoppelt an das Bankensystem. Ich stelle „Verschuldung" der Zentralbanken unter Anführungszeichen, da es keine Übereinstimmung darüber gibt, ob dieser Begriff auch für Zentralbanken gültig ist. Denn manche glauben, eine Zentralbank muss kein Eigen-kapital haben, sie kann auch negatives Eigenkapital haben, sie kann nicht in Konkurs gehen. Deshalb ist es nicht unumstritten, bei Zentralbanken von Verschuldung zu sprechen.

ZU DEN AKTUELLEN ENTWICKLUNGEN AN DEN FINANZMÄRKTEN

Das COVID-19 Dashboard des Center for Systems Science and Engineering (CSSE) der Johns Hopkins University (JHU) weist tagesaktuell Statistiken über die Anzahl der Infektionsfälle in verschiedenen geografischen Gebieten aus. Aus den Daten von heute, dem 2. Juli 2020, lässt sich klar ablesen, dass die Gesamtzahl der bestätigten Fälle weiterhin ansteigt und auch die Steigerungsrate weiterwächst.

In Cartoonsprache könnten wir sagen, da waschen wir uns noch ein paar Monate regelmäßig die Hände und dann haben wir diese erste Welle durchtaucht. Vielleicht kommt aber noch eine wirklich große zweite Welle, nämlich die wirtschaftliche Konsequenz.

Die Pandemie hat zu einer Vollbremsung der Ökonomie geführt. Der Verkehr wurde in weiten Bereichen lahmgelegt, der Flugverkehr teilweise vollkommen eingestellt. Der Handel, bis auf die Lebensmittelbereiche, wurde stillgelegt. Die Produktion wurde zumindest auf Kurzarbeit umgestellt oder überhaupt temporär gestoppt. Gewisse Dienstleistungen, vor allem in den Bereichen Tourismus und Kultur, sind ebenfalls fast auf null gesunken. Werden die Konsequenzen dieser Vollbremsung auf die Stabilität unseres Kapitalmarkts, unseres Wirtschaftssystems überspringen?

Die Revisionen des erwarteten Wirtschaftswachstums in unterschiedlichen geografischen Regionen geben ein Stimmungsbild dessen, was im Wirtschaftsbereich vor sich geht. Das Weltwirtschaftswachstum lag bis Mitte März bei knapp unter vier Prozent und liegt gemäß Konsensprognosen derzeit bei -3,7%. Für UK werden -8% erwartet, für Japan -4,9% und für die USA -5,7%. Die Eurozone ist von knapp unter zwei Prozent aktuell auf -8% gesunken und ist damit von dieser Krise besonders stark betroffen, auch im Vergleich zu anderen Regionen.

Die Übereinstimmung in den Prognosen des Wachstums vom ersten Quartal auf das zweite Quartal für den Euroraum war bei den meisten einzelnen Forecasters – also den verschiedenen, auch privaten Instituten, die Wirtschaftswachstum prognostizieren – bis Ende März sehr hoch. Im Moment klafft die Schere an Erwartungen, wie sich das Wirtschaftswachstum entwickeln wird, weit auseinander. Einige Institute befürchten, dass das Wirtschaftswachstum (annualisiert in Quartal-auf-Quartal Wachstumsraten) unter -20 % liegen wird. Andere nehmen an, dass es lediglich auf ein wenig unter -5 % fallen wird. Wir fliegen im Blindflug, was auch damit zu tun hat, dass wir die medizinischen Entwicklungen so schwer einschätzen können.

Was sind die Konsequenzen für den Arbeitsmarkt? Sie sind dramatisch. Vergleicht man die Daten zur Arbeitslosigkeit in den USA und im Euroraum, zeigt sich, dass die Entwicklung auf unterschiedlichen Levels startet. In den USA war die Beschäftigungslage vor der Krise, wie Präsident Trump bei jeder Gelegenheit betont, sehr gut. Noch nie waren die Beschäftigungszahlen in den USA so hoch. Die Arbeitslosenrate lag bei rund 3,6 %. In der Zwischenzeit ist sie auf 11 % angestiegen. In Europa ist die Entwicklung auch aufgrund der vielen Kurzarbeitsprogramme nicht ganz so schlimm. Die Zahlen sind im Vergleichszeitraum von 7,5 % auf 9,4 % gestiegen.

Die gute Nachricht ist, dass Geld billig ist. Die Zinskurven, also die Verzinsung, die Staatsanleihen, in diesem Fall die vom Ausfall her gesehen sicheren Staatsanleihen in den USA und Europa, zeigen – etwa am Beispiel Deutschlands – einen klaren Unterschied. In beiden Fällen sind die Zinskurven niedrig. Der amerikanische Staat bezahlt für eine zehnjährige Anleihe aktuell ungefähr 1,8 %. Vor drei Monaten lag diese Zahl noch niedriger, bei etwas über 1,5 %. Deutlich extremer ist die Situation im europäischen Beispielfall Deutschlands. Selbst für zehnjährige Laufzeiten, die für gewöhnlich höhere Verzinsungen bieten als kurzfristige Anleihen, bekommt der deutsche Staat laufend negative Zinsen dafür bezahlt, dass der Investor sein Geld dort praktisch ohne Ausfallsrisiko, so die Annahme, investieren kann.

In Bereichen, wo zusätzlich ein mit Risikoaufschlägen verbundenes Kreditrisiko entsteht, sind die Verzinsungen höher. Politische Krisen oder Unberechenbarkeiten bilden sich deutlich in den entsprechenden Zinskurven ab. So hat die Phase, als die populistische Regierung von Salvini und Di Maio in Italien mit ihren Ankündigungen, sich nicht an Budget- und Defizitvorgaben zu halten, die Märkte stark verunsichert und merklich höhere Risikoaufschläge bei italienischen Staatsanleihen nach sich gezogen. Auch COVID-bedingt sind diese Zahlen für Italien, aber auch z. B. für Euro-Corporates, d. h. Unternehmensanleihen für Unternehmen mit einem Investment-Grade-Rating, zunächst gestiegen, seit Ende März, Anfang April aber wieder auf ein niedrigeres Niveau gesunken. Frankreich hingegen hat als Teil der Kernzone des Euroraumes kaum Effekte gespürt, obwohl es auch hier einen gewissen Anstieg der Finanzierungskosten gegeben hat.

Betrachtet man die Situation bei den Entwicklungsländern, zeigt sich ein dramatischer Effekt: Dort wurde massiv Kapital abgezogen. Portfolioinvestoren sind nicht mehr bereit, Kapital in Ländern wie Russland, Indonesien, Brasilien, Südafrika oder auch der Türkei zu lassen und verkaufen Anleihen, was natürlich die Finanzierungskosten und dadurch die Ausfallwahrscheinlichkeiten erhöht. Kreditversicherungen, Credit

Default Swaps, die das Ausfallrisiko aus der Sicht des Markts anzeigen, geben klare Aufschlüsse über diese Entwicklungen: So hat die Türkei mit aktuell fast 5 % das höchste Ausfallrisiko der genannten Länder. Was bedeutet das? Nehmen Sie an, Sie besitzen eine 1.000 Euro Anleihe vom türkischen Staat. Wenn Sie sich jetzt auf dem Kapitalmarkt gegen das Konkursrisiko, dass die Türkei plötzlich einen Default auf Ihre Schulden macht, versichern wollen, müssen Sie dafür pro Jahr circa 50 Euro, also 5 % zahlen. Hier gibt es massive Anstiege, die nur zum Teil zurückgekommen sind.

Ein anderer Indikator, der zur Analyse der Auswirkungen von COVID-19 auf die Kapitalmärkte herangezogen werden kann, sind die Bewertungsniveaus der Aktienmärkte, die sogenannten Kurs-Gewinn-Verhältnisse (KGV). Um dieses Verhältnis zu ermitteln, wird der Aktienkurs durch den letztverfügbaren Gewinn des betreffenden Unternehmens dividiert. In den Emerging Markets, also den Entwicklungsländern, zahlen Sie im Moment das Vierzehnfache des aktuellen Gewinns dieser Unternehmen für eine solche Aktie, in den USA etwa das 23,2-fache, in Europa circa 22-mal den Gewinn. Beim KGV hat

es im März eine scharfe Bewegung nach unten gegeben. Diese Bewegung wurde jedoch inzwischen beinahe zur Gänze wieder ausgeglichen und die Bewertungsniveaus bei den Aktien sind wieder hoch. Einige Experten sehen den Grund dafür darin, dass keine alternative attraktive Anlagemöglichkeit für Investoren existiert. Man ist fast gezwungen, in diesen Bereichen zu veranlagen.

Weitere Anhaltspunkte sind aus den Volatilitäten zu gewinnen. Aus sogenannten Derivaten, das sind Optionen, kann herausgerechnet werden, wie groß die Schwankungsbreite der zugrundeliegenden Aktienkurse oder Aktienindizes ist. Der VIX oder der VSTOXX oder der VDAX Index bilden diese Volatilitäten ab. COVID-19 hat einen enormen Anstieg auf bisher noch nie gesehene Höhen von 80 % Volatilität mit sich gebracht. Diese Entwicklung ist wieder zurückgekommen, aber noch immer erhöht.

Bei den Wechselkursen hat sich nicht viel getan. Vor etwa fünf Jahren war der Dollar gegenüber dem Euro beinahe genauso viel wert wie heute. Das ist nicht besonders überraschend, da diese Pandemie ja die Ökonomien im Gleichklang trifft. Es ist nicht so, dass eine Währung

wesentlich stärker betroffen wäre als die andere.

Was könnte die Ursache für die relative Ruhe an den Finanzmärkten nach dem kurzen Sturm im März sein? Um das herauszufinden, müssen wir uns nur die Bilanzen der Zentralbanken ansehen. Kollege Holzmann wird das im Detail kommentieren können. Es zeigt sich jedenfalls deutlich, dass die Zentralbankbilanzen praktisch explodiert sind. Die Bilanz der amerikanischen Zentralbank ist von über 3.000 Milliarden auf über 6.000 Milliarden Euro gestiegen, hat sich also innerhalb weniger Wochen beinahe verdoppelt. Es entstand eine enorme Bilanzverlängerung. Die EZB hat einen etwas weniger dramatischen, aber auch ordentlichen Anstieg von rd. 4.500 Milliarden auf über 5.500 Milliarden Euro zu verzeichnen.

Eine Frage, die in Verbindung mit den Bilanzausweitungen der Zentralbank häufig gestellt wird, ist: Werden diese nicht enorme Inflation schaffen? Das ist eine offene Diskussion. Nur in den Finanzmärkten gibt es dafür keine Hinweise. Analysiert man die Inflation Swaps, das sind Kontrakte, bei denen Inflationen gehandelt werden, zeigt sich, dass im Kapitalmarkt für die Eurozone keine wesentlichen Inflationserhöhungen erwartet werden. Man rechnet im Schnitt mit etwa 1,28 % Inflation über die nächsten 30 Jahre. Im nächsten Jahr wird es sogar eine Deflation geben. Das ist zumindest aus den Preisen der Inflation Swaps herauszulesen.

Die genannten Beispiele geben das aktuelle Stimmungsbild der Märkte wieder. Zusammenfassend kann gesagt werden: Nach anfangs dramatischen Kurseinbrüchen und Volatilitätsspitzen ist eine relative Beruhigung eingetreten. Der Hauptgrund dafür liegt wohl im entschlossenen Handeln vieler Regierungen und der Notenbanken. Die Risikoindikatoren haben sich demnach insgesamt etwas beruhigt, liegen aber noch auf hohem Niveau.

WAS SIND DIE LÄNGERFRISTIGEN INFEKTIONSGEFAHREN FÜR DIE FINANZMÄRKTE?

Ich beginne mit den Zentralbanken. Zwei wesentliche EZB-Programme wurden in Antwort auf die COVID-19-Problematik aufgelegt. Mit dem Pandemic Emergency Purchase Programme (PEPP) kann die Europäische Zentralbank zur Marktstabilisierung Staatsanleihen, aber auch Schuldtitel privater Unter-

nehmen kaufen. Im Unterschied zu klassischen Ankaufprogrammen, die es ja schon seit Jahren gibt, ist die Handhabung der Kapitalschlüssel flexibler. Im Normalfall muss die EZB beim Ankauf solcher Wertpapiere beispielsweise eine bestimmte Anzahl von deutschen Anleihen kaufen und eine bestimmte Anzahl von italienischen etc. Diese Gewichtungen richten sich nach der Beteiligung der Länder an der Zentralbank. Österreich besitzt ca. 3 %, im bisherigen Programm mussten also ca. 3 % österreichische Anleihen gekauft werden. Im Gegensatz dazu ermöglicht das Emergency Purchase Programme der EZB eine Ausrichtung dieser Gewichtung nicht nach dem Kapitalschlüssel, sondern nach der Beeinträchtigung der Länder durch die COVID-19-Problematik vorzunehmen. Ziel des PEPP ist die Marktstabilisierung.

Die Targeted Longer-Term Refinancing Operations wurden durch die neuen Pandemic Emergency Longer-Term Refinancing Operations gestärkt. Worum geht es hier? Europa ist ein bankenorientiertes System. Bei uns funktioniert die Wirtschaft de facto über Banken, im Gegensatz zu Amerika, wo die Kapitalmärkte eine größere Rolle spielen. Um das Wirt-

schaftswachstum in Europa in Gang zu bringen, müssen die Banken dazu bewegt werden, Kredite an die Unternehmen zu vergeben. Das ist das Ziel dieser Interventionen. Die EZB sagt: Liebe Geschäftsbank, du darfst von uns längerfristig Mittel ausborgen, und wenn du diese nachweislich in Form von Unternehmenskrediten an die Realwirtschaft weitergibst, erhältst du von uns einen Zinssatz von -1 %. Die Bank würde dann von der EZB für das geborgte Geld 1 % Negativzinsen erhalten.

Aus wissenschaftlicher Sicht stellt sich nun die Frage, warum solche großen Programme von Zentralbanken Sinn machen. Um das zu beantworten, werde ich etwas ausholen und auf die Finanzierungskosten für Unternehmen und für Staaten eingehen.

Erste Komponente der Finanzierungskosten ist der Leitzins, der von der EZB festgesetzt wird. Im Moment liegt er bei 0 % oder -0,5 %. Für längerfristige Finanzierungen entsteht ein Laufzeitrisiko, da sich Zinsen während der Laufzeit ja ändern können. Die Kosten für Leitzinsen gelten nur für sehr kurzfristige Finanzierungen. Für längerfristige Finanzierungen müssen Unternehmen oder Staaten daher mehr zahlen. Kreditrisiko verursacht weitere Finanzierungskosten, nämlich einen Kreditaufschlag.

Abbildung 1 zeigt den Versuch, das dreidimensionale System in zwei Dimensionen darzustellen. Als solides Unternehmen mit guter Bonität zahlen Sie einen Zinssatz, der sich aus dem Leitzins und den Risikoprämien, die der Markt für Sie bereithält, ergibt. Aus Sicht zahlreicher Ökonomen ist aber das Risiko, wofür hier vom Kapitalnehmer bezahlt werden muss, zum Teil vom System selbst geschaffen. Es existiert also ein exogenes Risiko, das dadurch entsteht, dass Gott den Würfel rollt und COVID-19 ausbricht. Aber es existiert auch ein endogenes Risiko, wo aus dem System heraus Risiko kreiert wird. Das Problem ist, dass wir nicht immer wissen, zu welchem Gleichgewicht wir tendieren. Die Tendenz kann positiv oder negativ sein. Ein ungünstiges Gleichgewicht würde etwa bedeuten: Panik am Markt, pessimistische Erwartungen, Investoren verlangen hohe Risikoprämien, hohe Finanzierungskosten, daher wird wenig investiert, ergo wenig Wachstum. Das ist eine Selffulfilling Prophecy, die dazu beiträgt, ein unvorteilhaftes Gleichgewicht herzustellen. Vorteilhaft wäre ein Gleichgewicht etwa, wenn die Erwartungshaltungen optimistisch sind, Investoren niedrige Risikoprämien verlangen und geringe Finanzierungskosten entstehen.

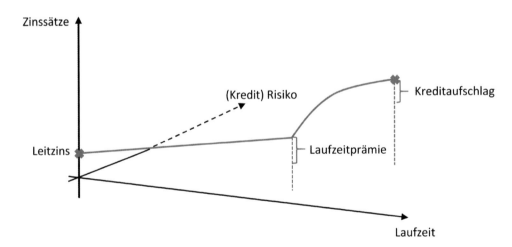

Abb. 1: Finanzierungskosten für Unternehmen und Staaten (vereinfachend): Leitzins plus Risikoaufschläge für Kreditrisiko und Laufzeitrisiko.[1]

---

1   Siehe Brunnermeier, M., Princeton Webinar Series on COVID Economics.

Ein endogenes Risiko kann mit einem Schock beginnen, der sich auf das Eigenkapital einer Bank negativ auswirkt. Eine Bank hat zum Beispiel einem Tourismusunternehmen einen Kredit vergeben, der nun ausfällt, was zu Lasten des Eigenkapitals der Bank geht. Diese erfüllt plötzlich die Eigenkapitalanforderungen nicht mehr. Was kann sie tun? Sie muss schnell Risiko reduzieren; sie muss andere Vermögensgegenstände verkaufen. Es kommt zu sogenannten Notverkäufen, Fire Sales. Diese Notverkäufe führen zu Preisreduktionen, die dann zu einem weiteren Abwertungsbedarf in der Bilanz der Bank führen, was wiederum weitere Notverkäufe verursacht. Schon sind wir in solch einem ungünstigen Zyklus. Nun könnten die Zentralbanken sagen: Nein, wir stehen bereit, diese Fire Sales abzufedern und diese Verkäufe aufzugreifen. Damit tragen sie dazu bei, dass wir beim „guten" Gleichgewicht bleiben.

Eine zweite Möglichkeit wird in Abbildung 2 anschaulich gemacht: Im Euroraum entsteht ein ungünstiges Gleichgewicht, eine Risikoerwartung. Die Investoren wollen ihre spanischen Staatsanleihen und ihre italienischen Staatsanleihen verkaufen und in sichere deutsche Anleihen investieren. Die moderne Monetary Theory besagt, dass hohe Verschuldungsgrade eines Staates kein Problem sind, solange die Zinsen unter der Wachstumserwartung für diese Staaten liegen. Steigt das Bruttoinlandsprodukt schneller als die Zinsbelastung, dann wächst der Staat aus dieser Schuldenfalle heraus. Steigen die Zinskosten eines Staates jedoch aufgrund der erhöhten Risikoerwartungen über diesen Wert, so führt dies zu einem ungünstigen Gleichgewicht, in dem der Staat seine Schulden tatsächlich nicht mehr bedienen kann. Wir haben also wieder eine Selffulfilling Prophecy.

Abb. 2: Endogenes Risiko in einer Währungsunion:

- *Gutes Gleichgewicht: Staatsanleihen aller Euroländer werden als (relativ) sicher gesehen. Daher ist selbst hohe Staatsverschuldung kein Problem, solange die Zinskosten (r) kleiner sind als das Wirtschaftswachstum (g).*
- *In der Krise gilt: Staatsanleihen der Peripherie werden u.U. nicht mehr als sicher gesehen → r > g → Staaten können Zinsen langfristig nicht mehr bedienen → Selbsterfüllende Prognose!*

0   1000   2000 km

(bei 36 und 66 Grad nördl. Breite)

Auf Abbildung 3 sehen Sie diese multiplen Gleichgewichte, den Preis und die Fundamentaldaten. In einem günstigen Gleichgewicht sind die Anleihepreise hoch, also die Zinskosten niedrig. Aber es gibt auch ein ungünstiges Gleichgewicht, in dem Preisniveaus an den Finanzmärkten niedrig sind, was dann tatsächlich zu Risiken führt, die die niedrigen Preise rechtfertigen; also eine selbsterfüllende Prognose. Die Zentralbanken streben durch Stützungskäufe an den Finanzmärkten die Vermeidung eines solchen Sturzes in ein ungünstiges Gleichgewicht an. Dies führt zu höheren Preisen, die das günstige Gleichgewicht erhalten. Bis jetzt hat das in der COVID-19 Krise sehr gut funktioniert.

Dass die COVID-19-Zentralbankprogramme zu wirken scheinen, lässt sich auch aus Indizes wie dem Systemic Stress Index CISS ablesen. Im April nach COVID-19 ist der CISS nach oben geschnellt, jetzt aber bereits auf ein niedrigeres Niveau gefallen, wie auch die Corporate Bond Spreads. Die Risikozuschläge für Unternehmensanleihen sind also ebenso zurückgekommen.

Welche Probleme können aus den großen Bilanzen der Zentralbanken, die sich aus den neuen Programmen

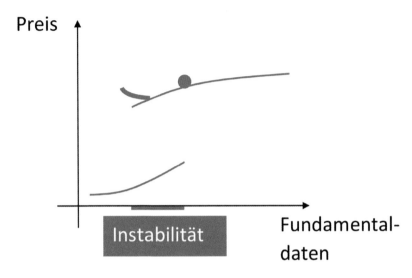

Abb. 3: Zentralbankhilfsprogramme können zur Selektion des „guten" Gleichgewichts führen.[2]

ergeben, aber entstehen? Eine Gefahr besteht darin, dass die Zentralbanken nicht mehr bereit sein könnten, Zinsen zu erhöhen, weil sie dadurch ihre eigenen Gewinne reduzieren würden. Warum? Die Finanzierung der Bilanzverlängerungen der Zentralbanken ist meist sehr kurzfristig. Die Aktiva sind eher langfristig, also Anleihen mit längeren Laufzeiten. Auf der Aktivseite der Zentralbank-

---

[2] Siehe Brunnermeier, M., Princeton Webinar Series on COVID Economics.

bilanzen unterliegt die Verzinsung also einem Lock-in Effekt: Wenn die Zinsen steigen, müssen die Zentralbanken auf ihre Schulden höhere Zinsen zahlen, aber sie verdienen für ihre Aktiva kaum mehr. Verluste könnten entstehen. Eine wesentliche Frage ist daher, wie groß die Bereitschaft der Zentralbanken wäre, im Falle von entstehendem Inflationsdruck die Zinsen wieder anzuheben? Möglicherweise tritt dieser Inflationsdruck aber gar nicht ein und die Inflation geht sogar in eine Deflation über. Aber es gibt durchaus auch Argumente für ein erneutes Auftreten einer Inflation. Die Versorgungsketten werden nicht mehr so effizient sein wie heute. Wir wollen nicht zu sehr von China abhängig sein, das wird zu höheren Kosten führen. Es wird zu einer Reallokation von Kapital von einem Sektor in den anderen kommen müssen, das wird nicht friktionslos gehen. Zusätzlich wird der politische Druck steigen. Sie sehen dies am Beispiel der USA: Wann immer Jay Powell, der Chef der Fed, nicht den Erwartungen von Donald Trump entspricht, indem er die Zinsen nicht weiter senkt, sendet dieser am Abend eine Serie von äußerst aggressiven Tweets und stellt Powell als unfähig dar. Sie sehen dies auch am Beispiel der Türkei, wo Erdogan genauso versucht, die Politik der Zentralbank zu beeinflussen und Zinsen niedrig zu halten.

Ein weiterer Grund, warum es schwer ist, aus dieser lockeren Geldpolitik wieder herauszukommen, besteht in einem Problem, das in der Ökonomie als Moral Hazard beschrieben wird. Wenn alle wissen, dass das Tail Risiko gering ist, dass, wenn es wirklich schlecht geht, die Fed oder die EZB zur Hilfe kommt und uns all diese Positionen abkauft und sicherstellt, dass wir keine großen Schwierigkeiten bekommen, dann werden wir ex ante gerne Risiken eingehen. Dann entsteht Fiscal Dominance, wenn Länder und Unternehmen und Banken nicht bereit sind, Eigenkapital aufzubauen, da sie wissen, dass sie im Problemfall gerettet werden. Und der Zentralbank bleibt ex post dann nichts anderes übrig, weil sie den Absturz verhindern will. Die lockere Geldpolitik muss also fortgesetzt werden.

VERSCHULDUNG DES PRIVATEN UNTERNEHMENSSEKTORS

Nicht nur die Verschuldung der Zentralbanken ist in den letzten Wochen stark angesprungen. Die Verschuldung des gesamten privaten Unter-

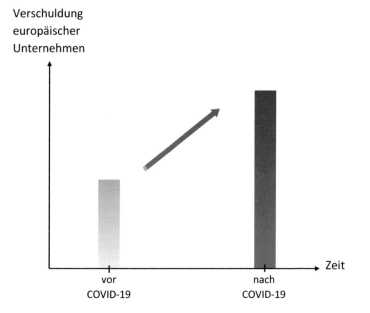

Abb. 4: COVID-19 und Auswirkungen auf Verschuldung der Unternehmen.

nehmenssektors ist angestiegen und wird in den kommenden Monaten weiter ansteigen.

Eine neue Publikation[3] prognostiziert, dass der vergangene dreimonatige Lockdown in Italien zu negativem Eigenkapital von circa 17 % der italienischen Unternehmen, also eigentlich Insolvenz, führen wird. Daran hängen viele Arbeitsplätze.

Für die USA weisen die Daten zur Häufigkeit von Insolvenz, der Bankruptcy Proceedings, aus, dass die Zahl der monatlichen Konkurse, der sogenannten Large Corporate Bankruptcy Filings, im Mai 2020 beinahe so hoch war wie in den Jahren 2008 und 2009 in der großen Krise. Das ist aber jetzt erst der Beginn, die Zahlen werden noch deutlich steigen.

Hohe Verschuldung im privaten Unternehmensbereich schafft Probleme. Warum? Zahlreiche empirische Untersuchungen zeigen, dass hochverschuldete Unternehmen weniger investieren, weniger wachsen. Jüngste Daten zeigen die Entwicklung von 1999 bis in die aktuelle Situation für die USA,

den Euroraum und die Peripherie des Euroraums, also Griechenland, Italien, Portugal und Spanien. Die Schulden in der Peripherie haben sich verdoppelt. Auch im Core-Bereich des Euroraums und in den USA sind die Schulden gestiegen, aber wesentlich weniger dramatisch. In den USA ist das etwa darauf zurückzuführen, dass dort eine Eigenkapitalkultur herrscht. Gleichzeitig ist das Nettowachstum des Anlagevermögens eingebrochen. Auch das betrifft die USA und den Core-Bereich des Euroraums ebenso wie die Peripherie, aber die Peripherieländer, die eben besonders stark verschuldet sind, hatten das geringste Wachstum. Sie haben daher am wenigsten in Anlagegüter investiert.

Meine Conclusio ist: Wir müssen durch Aufhebung der steuerlichen Benachteiligung des Eigenkapitals die Eigenkapitalquoten stärken. Aber auch die aktuellen Hilfsprogramme müssen teilweise in Form von Eigenkapitalzuschüssen unterstützen und nicht nur in Form von Kapital- oder Kreditgarantien. Europa hat eine klein- und mittelständische Wirtschaftsstruktur, wo solche Eigenkapitalbeteiligungen nicht einfach sind. Konkrete Vorschläge existieren. Frankfurter Kollegen an einem

Leibniz-Institut[4], das ausschließlich Politikberatung im Bereich der Wirtschaft macht, schlagen einen Equity Fond vor, der über eine temporäre Erhöhung des Steuersatzes – Umsatzsteuer oder Einkommensteuer – geschaffen wird. Kleinunternehmen erhalten Zuschüsse, dafür werden ihre Gewinnsteuern über die nächsten Jahre erhöht. Bei Erfolg fließt das Geld an die Steuerzahler zurück, aber es ist nicht wirklich Fremdkapital.

Bei der Evaluierung von staatlichen Hilfsprogrammen möchte ich auch auf eine Studie zu den Auswirkungen von COVID-19 auf die verschiedenen Sektoren der Wirtschaft Bezug nehmen, die ich kürzlich gemeinsam mit Koautoren publiziert habe.[5]

Diese Studie zeigt, dass die Auswirkungen von COVID-19 je nach Sektor dramatisch unterschiedlich sind. Dies zeigt sich unter anderem an den Kursreaktionen von verschiedenen Industrien. Ein wesentlicher Faktor ist dabei die Resilienz gegenüber

---

[3] Siehe Carletti, E., T. Oliviero, M. Pagano, L Pelizzon, M.G. Subrahmanyam, 2020, The Equity Shortfall of Italian Firms in the COVID crisis: A First Assessment, Working Paper.

[4] Boot A., Carletti E., H.-H. Kotz, J. P. Krahnen, L. Pelizzon, Subrahmanyam, M. G., 2020, SAFE Policy Letter No.84: Corona and Financial Stability 4.0: Implementing a European Pandemic Equity Fund.

[5] Siehe M. Pagano, C. Wagner und J. Zechner, 2020, Disaster Resilience and Asset Prices, SSRN Working Paper.

Social Distancing, wobei Branchen wie die Schifffahrt, also zum Beispiel Kreuzfahrtgesellschaften, oder der Bergbau sehr schlecht abschneiden, wo hingegen andere Branchen wie die Pharmaindustrie oder die Informationsdienstleister sogar profitieren. Die Kapitalkosten für bestimmte Sektoren haben sich nicht erhöht, aber für Unternehmen anderer Sektoren, wie zum Beispiel für die Hotelkette Marriott, die United Airlines oder die Kreuzschifffahrtsgesellschaft Royal Caribbean, sind sie hinaufgeschossen. Es ist daher aus Sicht des Steuerzahlers wichtig, dass die staatlichen Zuschussprogramme nicht langfristig Zombieunternehmen schaffen und künstlich am Leben halten und so die notwendigen Restrukturierungen verhindern.

VERSCHULDUNG VON BANKEN UND STAATEN

Die letzte Gefahr einer Infektion des Finanzsystems durch COVID-19 betrifft ein Problem, unter dem Europa besonders leidet. Ich habe dieses Problem schon vor einem Jahr bei einer Podiumsdiskussion angesprochen: nämlich, dass das Bankenrisiko und das Staatsrisiko in Europa beinahe perfekt zusammenhängen. Warum

ist das so? Ein hochverschuldeter Staat platziert seine Anleihen vermehrt bei seinem heimischen Bankensystem. Die italienischen Banken halten also sehr viele italienische Staatsanleihen. Wenn jetzt infolge des COVID-19-Problems italienische Banken in Schieflage geraten, so muss der italienische Staat etwas dagegen tun. Der Staat kommt unter Druck und die Preise italienischer Staatsanleihen sinken. Das schafft wieder weiteren Abschreibungsbedarf bei den Banken, welche ja italienische Anleihen halten. Dieser Teufelskreis wird in der Literatur als Doom Loop bezeichnet.

Setzt man die Bankanleihenverzinsung und die Staatsanleihenverzinsung im Euroraum zueinander in Verhältnis, zeigt sich auch über mehrere Jahre ein fast perfekter Gleichlauf. Wenn ein Staat in Schwierigkeiten kommt, dann ist auch das Bankensystem sofort in Schwierigkeiten und umgekehrt. Diesen Teufelskreis gilt es zu durchbrechen.

Dazu existieren verschiedene Vorschläge, wie etwa die Verschärfung der Eigenkapitalvorschriften der Banken für das Halten von Staatsanleihen, die Schaffung eines "Safe Assets" im Euroraum oder die vollständige Umsetzung der EU Banken-

union. Diese Optionen können in der anschließenden Diskussion noch im Detail besprochen werden.

ZUSAMMENFASSUNG

Auch wenn die Pandemie rasch unter Kontrolle gebracht werden kann, wird es über die resultierende Verschuldung wirtschaftliche Auswirkungen geben. Einerseits bei den Zentralbanken, andererseits bei den Unternehmensbilanzen und drittens bei den Staatsverschuldungen und Bankbilanzen. Debt Overhang-Probleme werden auftreten. Eine trägere Wirtschaft wird entstehen. Eine Wirtschaft, die nicht wächst und nicht investiert.

Lassen Sie mich aber dennoch mit einem optimistischeren Ausblick schließen. „Never waste a good crisis", wie ein geflügeltes Wort besagt. Europa scheint das zu beherzigen. In den letzten beiden Krisen hatte man das Gefühl, es entsteht genügend Druck, um Reformen durchzusetzen. Die aktuellen EZB-Programme haben die Märkte wirklich unter Kontrolle gebracht und beruhigt. Die Weichen sind gestellt auf eine bessere Integration des Euroraums. Der neue Recovery Fund muss im Detail noch ausdiskutiert werden. Österreich ist unter den Frugal Four, den Sparsamen Vier. Wir werden den Recovery Fund brauchen, und wir müssen zu einem integrierteren Kapitalmarkt in der Europäischen Union gelangen. Es kann nicht so sein, dass unsere kreativen Köpfe mit ihren erfolgreichen Start-ups ab einer gewissen Größe ins Silicon Valley abwandern, weil dort die Finanzierungsmöglichkeiten ganz andere sind. Wir haben jetzt den Anlass dazu, tätig zu werden.

DISKUSSION

MICHAEL METZELTIN

Vielen Dank für die schöne Übersicht. Ich habe einen Hinweis, eine eher philosophische Frage und dann eine technische Frage, insbesondere weil wir mit Herrn Zechner und Herrn Holzmann zwei große Spezialisten hier haben. Der erste Hinweis betrifft die Zahlen, die wir beispielsweise über Brasilien und Chile hören. Ich weise darauf hin, dass das ja alles nur Richtwerte sind. Wir wissen nicht, was wirklich los ist. Ich lese, und das ist interessant, dass es in Brasilien gerade 40.200 neue Fälle gibt. Schon diese Angabe zeigt, dass

diese Zahlen unklar sind. Wir operieren eigentlich im Dunkeln, das sage ich immer wieder.

Jetzt meine zwei Fragen, die erste, wie gesagt, ist eher philosophisch. Die Frage geht an Sie beide, auch an Sie, Herr Holzmann. Wie lange kann man Fiatgeld produzieren? Wir sprechen von 750 Milliarden Euro in Europa und von Trillionen in den Vereinigten Staaten, ohne dass dahinter noch etwas Weiteres steht. Das heißt, es könnte Gold sein, es könnten Viehbestände sein, es könnten Wälder sein. Industrien, die funktionieren. Wie lange kann man Fiatgeld produzieren, wo noch etwas dahintersteckt? Oder kann man immer weiter produzieren? Das ist die philosophischere Frage.

Die andere Frage ist wahrscheinlich heikler. Meines Wissens wurde die Fed im Dezember 1913 gegründet. Und sie ist bis heute letzten Endes eine Art Privatbank. Wir alle hängen wegen des Dollars doch von dieser Art Bank ab, die das Geld produziert. Jetzt kommt die heikle Frage. Inwiefern ist die Politik der Fed – das sind ja bestimmte Personen, die mehr oder weniger bekannt sind – inwiefern ist deren Geldpolitik bestimmt von Interessen, die sie verteidigen und von Interessen, die sie bekämpfen?

Denken wir nur an China. Vielleicht ist das eine zu heikle Frage, aber ich wollte sie vor zwei großen Spezialisten einmal gestellt haben. Nochmals vielen Dank für den schönen Vortrag.

JOSEF ZECHNER

Danke. Vielleicht darf ich nur zur ersten Frage etwas sagen. Kann Fiatgeld ohne Limitationen geschaffen werden? Man muss sich das so vorstellen, dass ja die Zentralbanken das Geld nicht verschenken. Sie schöpfen Geld, das dürfen sie. Aber sie kaufen damit Werte. Es gibt strikte Regeln dafür, was die EZB kaufen darf. Diese Papiere müssen bestimmte Kriterien erfüllen. Sie dürfen nicht zu lange laufen, sie müssen bestimmte Ratings haben. Im Wesentlichen habe ich zwar Geld geschöpft, aber ich habe dafür auch etwas gekauft und bekommen, was dagegensteht. Es kann natürlich sein, dass das geschöpfte Geld sehr kurzfristig ist und die Käufe auf der Aktivseite lange Laufzeiten haben, dass es dann zu Wertdiskrepanzen kommt, allein aufgrund der Zinsverschiebungen. Und wenn die Zentralbanken keine Gewinne mehr machen, dann werden sich die Regierungen sehr ärgern, denn die erhalten im Moment sehr gute Dividenden. Österreich bekommt schon seit vielen Jahren von der Nationalbank eine sehr satte Dividende, die dann natürlich weg wäre. Woher soll sie auch kommen, wenn dort kein Gewinn mehr gemacht wird? Es ist aber nicht so, dass etwas aufgeblasen wird, wo kein Gegenwert mehr da ist.

ROBERT HOLZMANN

Die Erklärung ist richtig. Fiat heißt „es werde" und steht für allgemeine Akzeptanz und Vertrauen. Vertrauen entsteht, wenn die Menschen wissen oder glauben zu wissen, dass hinter dem Geld ein Wert steckt. Dann werden sie es annehmen. Das Problem mit dem Fiatgeld im Gegensatz zu Gold oder anderem Warengeld besteht darin, dass das Vertrauen schneller verloren gehen kann, und dann kann sehr rasch Inflation entstehen. Die Modern Monetary Theory, die weder modern, noch monetary, noch theory ist, besagt, dass keine Beschränkung für die Verschuldung des Staates bei der Notenbank existiert. Der Staat kann sich von der Zentralbank unbeschränkt Geld ausleihen, solange die Zinsen unter der Wachstumsrate der

Wirtschaft liegen, wie dies jüngst der Fall war. Irgendwann einmal können die Inflationserwartungen, die ja gegenwärtig negativ oder sehr gering sind, jedoch umschlagen. Das kann durch irgendeinen Schock (etwa der Erdölpreise) geschehen, den wir nicht vorhersahen. Dann kann merkliche Inflation entstehen. Und dann geht es darum, die Liquiditätsausweitung der letzten Jahre wieder zurückzufahren. Das braucht Zeit und die notwendigen Instrumente. Und wenn diese Zeit nicht verfügbar ist, entstehen über veränderte Inflationserwarten Inflationsschübe, die sehr viel Geldvermögen vernichten können und die Wirtschaft destabilisieren. Um aus einer hohen Inflation wieder herauszukommen, sind sehr restriktive Maßnahmen notwendig, die sehr schmerzlich sind, wie wir aus der Geschichte des 20. Jahrhunderts gelernt haben.

Die andere Frage betrifft die Fed, die US-amerikanische Zentralbank und das Politikverhalten als Ergebnis der Eigentümerstruktur. Auch die Österreichische Nationalbank wurde vor über 200 Jahren als privilegierte Privatbank gegründet, nicht etwa als staatliche Bank, und dies gilt auch für andere Zentralbanken. Die OeNB ist erst seit wenigen Jahren hundertpro-

zentiges Eigentum des Staates. Bis zu dem Zeitpunkt waren die Sozialpartner beteiligt und davor auch private Eigentümer. Die Qualität der Eigentümer sagt also noch nichts über die Politik aus. Warum? Weil Zentralbanken, auch die Fed, heutzutage gegenüber dem Parlament verantwortlich sind. Jay Powell muss mehrmals vor dem Kongress (d. h. Repräsentantenhaus und Senat) aussagen und für seine Politik geradestehen. In Österreich ist es auch so, dass ich zweimal pro Jahr vor dem Finanzausschuss des Parlaments Rede und Antwort stehen muss, nicht über mein Stimmverhalten, aber über die Politik der OeNB und EZB. Im Fall der Nationalbanken ist Eigentümer nicht (mehr) gleich Entscheidungsträger, weil in den letzten Jahrzehnten die Unabhängigkeit der Zentralbanken ein wichtiger Teil der geldpolitischen Ausrichtung geworden ist.

JOSEF ZECHNER

Vertrauen ist der wesentliche Punkt. Es geht um diese multiplen Gleichgewichte. Ein Sprichwort lautet: „Die Inflation ist wie die Spanische Inquisition – du weißt nie, wann sie kommt". Es ist sehr schwer, diese

Dynamik zu prognostizieren. Wenn das Vertrauen verloren geht, dann entstehen diese Kosten.

ARNOLD SUPPAN

Die italienische Regierung wehrt sich seit Wochen in vielen Stellungnahmen, Kredite aus dem ESM zu beziehen, weil dieser mit bestimmten Auflagen verbunden ist. Sie fordert Solidarität für nicht rückzahlbare Zuschüsse, die nur sie unkontrolliert verteilen darf. Für mich als österreichischen Steuerzahler ist nicht nur diese unzumutbare Propaganda mehr als störend – der brave Steuerzahler ist angeblich europafeindlich, der unkontrollierte Geschenkempfänger ist angeblich europafreundlich –, sondern auch die geringe Kritik aus Brüssel, Berlin und Paris, die offensichtlich eine gefährliche europäische Finanzordnung in Richtung Schuldenunion anpeilen. Als politische Begründung wird auch die Angst vor der europäischen „Rechten" angeführt. Allerdings: Sollte Italien zu wenig Unterstützung bekommen, könnte daraus Salvini Kapital schlagen, sollte Italien zu viel an Zuschüssen bekommen, könnte dies Wilders in den Niederlanden nützen.

Meine zweite Frage betrifft die Gefahr einer Inflation: Aus den Erfahrungen mit den Folgen des Ersten und Zweiten Weltkrieges habe ich gelernt, dass Inflation vor allem dann entsteht, wenn zu viel Geld auf dem Markt ist und zu wenig Ware. Gegenwärtig gibt es am Weltmarkt zu viel Ware und zu viel Geld. Wie soll diese Situation in eine Inflation umschlagen? Die Entwicklungen der letzten Jahre zeigten eindeutig, dass alle Versuche, die Inflation etwas zu heben, gescheitert sind, sowohl in der Eurozone als auch in den USA und letztes Endes auch in China. Kann die Corona-Pandemie eine Änderung herbeiführen?

JOSEF ZECHNER

Die zweite Frage zuerst. Ich erinnere an die Inflationserwartungen: Über die nächsten 20 Jahre sieht der Kapitalmarkt keine Inflation über durchschnittlich 1,23 %. Ich wiederhole, ich halte das für ein sehr trügerisches Bild. In unserer derzeitigen Situation sinken die Energiepreise seit vielen Jahren, das ist eine wichtige Komponente. Viele Jahre lang wurde die Globalisierung intensiv vorangetrieben. Die Versorgungsketten sind entsprechend effizient. Politiker tendieren derzeit zu dem Statement, dass es um Resilienz statt Effizienz geht. Was bedeutet das? Das heißt, es wird sich etwas bei den Lieferketten tun. Es wird entsprechend zu Mehrkosten führen. Noch nicht unbedingt in den nächsten Jahren, aber wenn diese Programme Erfolg haben, und wir wollen ja, dass die Konjunktur wieder ordentlich anspringt, stellt sich doch die Frage, wie wir da wieder rauskommen.

Nun zur ersten Frage. Die Konditionalität von Mitteln, die den Problemländern zur Verfügung gestellt werden, ist sehr wichtig. Warum? Um den Moral Hazard hintanzustellen. Um zu verhindern, dass die Länder ganz bewusst ihre Schulden nach oben treiben, weil sie wissen, man wird etwa Italien nicht in Konkurs gehen lassen. Im Moment sagt man, diese Krise sei nicht selbstverschuldet. Das heißt, die Italiener haben ihre Schulden nicht strategisch nach oben getrieben. Der Zinsdienst der Italiener im Vergleich zu ihrem Bruttoinlandsprodukt ist in den letzten Jahren gesunken, da die Zinsen günstig sind und der Verschuldungsgrad in etwa gleichgeblieben ist. Italien hat schon seit vielen Jahren einen Primärüberschuss. Intensive Verhandlungen finden über die Strukturierung des Recovery Fund und die Möglichkeit oder Notwendigkeit bestimmter Konditionalitäten statt. Österreich ist hier unter den kritischeren Stimmen.

ANTON ZEILINGER

Mir ist bei dem Chart über die Zinserwartungen in der nächsten Zeit, das Sie gezeigt haben, etwas aufgefallen. Da gab es eine Kurve zu Jahresbeginn, vor drei Monaten etwa. Alle Kurven waren erst ähnlich, mit kleinen Differenzen. Vor drei Monaten ist diese Kurve vollkommen ausgeschlagen, und dann wurden die Kurven wieder aneinander angepasst. Verschiedene Interpretationen sind möglich. Was hat sich da plötzlich geändert? Das kommt mir seltsam vor.

JOSEF ZECHNER

Diese Kurven stellen nicht die Zinserwartungen dar, sondern einfach die Renditen für die verschiedenen Laufzeiten zu diesem Zeitpunkt, vor drei Monaten. Da trat etwas sehr Seltenes auf, eine sogenannte invertierte

Zinskurve. Das bedeutet, dass die Verzinsung langer Anleihen niedriger ist als die Verzinsung von kurzen. Die Leute waren in Panik, sie waren bereit, ihren Konsum auf die Zukunft zu verschieben, auch bei höheren Kosten.

ANTON ZEILINGER

Das hat auch Konsequenzen für Fiat?

JOSEF ZECHNER

Ja, das unterstützt das Vertrauen. Die Zauberformel ist: r ist kleiner als g. Der Zinssatz ist geringer als die Wachstumsrate.

ANTON ZEILINGER

Noch eine Frage: China kam fast nicht in Ihren Ausführungen vor. Aufgrund des politischen Systems hat die Entwicklung in China eine andere Dynamik. Ist es dort leichter möglich gegenzusteuern?

JOSEF ZECHNER

Wegen des Zeitlimits habe ich eine Grafik über China in meinem Vortrag ausgelassen. China ist, zumindest unter den größeren, eines der wenigen Länder, das für 2020 wieder positives Wachstum vorweisen kann. Plus ein Prozent. China ist aus meiner Sicht der große Gewinner und geht mit einem geringen Wachstumseinbruch in die Zukunft. Die Währung, wie ich gezeigt habe, wurde ja abgewertet, was Donald Trump besonders ärgert. Er verwendet gern den Begriff Währungsmanipulation. Im Vor-Wahlkampf wird aber auch der Anreiz für Trump, die Situation eskalieren zu lassen, begrenzt sein.

WERNER TELESKO

Vielen Dank, Herr Zechner, für Ihren Vortrag. Ein konkreter Krisenindikator wäre auch der Goldpreis. Dieser lag im April bei 1.600 Dollar für die Feinunze, aktuell ist er nicht wesentlich höher als 1.700. Von Gold war als Krisenwährung bisher nicht die Rede. Warum wird Gold nicht von privaten und institutionellen Anlegern deutlich mehr nachgefragt? Einige Analysten haben Ende 2019 bereits davon gesprochen, dass der Goldpreis Ende 2020 bei über 2.000 Dollar pro Feinunze liegen wird, und da war von COVID-19 noch gar nicht die Rede.

JOSEF ZECHNER

Das ist eine sehr gute Frage. Goldanhänger argumentieren gern: Wenn Panik in die Märkte kommt, dann ist das meine Versicherung. Dann geht der Goldpreis nach oben. Diesmal war es aber nicht so. Diesmal ist alles nach unten gegangen, bis auf Cash. Auch diejenigen, die Gold hatten, mussten das teilweise in Liquidität ändern – also verkaufen. Gold ist ein reines Versicherungsprodukt. Langfristig ist es werthaltig. Aber wenn Sie sich die Realrenditen auf Gold anschauen, über viele Jahrhunderte, liegen die bei null. Sie hätten mit Gold über viele Jahrhunderte, wenn Sie die Inflation rausrechnen, exakt nichts verdient. Gold ist ein rein spekulatives Asset. Sie erhalten keine Dividende, Sie kriegen keinen Coupon, Sie müssen nur hoffen, dass alle anderen in einer Krisenzeit Gold wollen. Das ist aber genauso Vertrauenssache wie alles andere.

ANTON ZEILINGER

Der Bauer bei mir ums Eck, der wird dann nur Gold nehmen für die paar Eier, die ich bei ihm kaufe.

JOSEF ZECHNER

Wenn das Vertrauen in die Währungen sinkt, dann schon. Die Amerikaner wollen jetzt noch einen Schritt weiter gehen. Die Kaufprogramme, von denen ich Ihnen erzählt habe, sind die eine Sache. Da sagt die Fed, ok, jeden Monat kaufen wir so und so viele Milliarden an Wertpapieren. Aktuell wird auch noch überlegt, die Zinsstruktur zu fixieren, also ein Yield Management einzuführen. Das heißt, wir sagen: „Whatever it takes." Wir wollen zum Beispiel, dass die zehnjährige Anleihe nicht mehr als 1 % rentiert. Und wenn der Markt sie nachfragt oder verkaufen will, dann müssen die Zentralbanken entsprechend viel kaufen oder verkaufen. Bei diesem Risiko gewinnt Gold wahrscheinlich an Attraktivität. Die Japaner machen das schon, nicht ganz ohne Erfolg. Seit Jahren bestimmen die einfach, was die langen Anleihen an Renditen bieten.

DIETER SCHWEIZER

Mich interessiert Ihre Feststellung, dass Sektoren ganz unterschiedlich betroffen sind. Ein gutes Beispiel dafür innerhalb Österreichs scheint mir der Vergleich von Pharma- und Luftfahrtbranche, konkret von Boehringer Ingelheim und den schwer gebeutelten Austrian Airlines. Laut Generaldirektor Philipp von Lattorff ist das BI Regional Center Vienna bislang weitgehend unbeschadet durch die Coronavirus-Krise gekommen.
Und noch eine abschließende Frage hätte ich: Es gibt eine Perspektive, die über den Zentralbanken liegt. Die Bank für Internationalen Zahlungsausgleich in Basel hat eine eher pessimistische Prognose gewagt, dass nämlich die Deflation längerfristig wahrscheinlich doch als Folge von COVID-19 in eine Inflation kippen wird. Vielleicht könnten Sie das kommentieren.

JOSEF ZECHNER

Danke, dass Sie diesen im Vortrag gezeigten Graphen ansprechen, der die großen Unterschiede zwischen den Sektoren beleuchtet. Dieses Paper von mir wurde im letzten Economist prominent diskutiert, worauf ich ein bisschen stolz bin. Wir teilen die Ökonomie nach Sektoren ein, die social-distancing-proof sind. Sektoren, wo Homeoffice ohne weiteres möglich ist, wo direkter Kundenkontakt nicht zwingend erforderlich ist. In den USA wurden diese Kennzahlen über Telefoninterviews und andere Methoden ermittelt. Auch hier sehen wir große sektorale Unterschiede. Wir hoffen, dass die Rettungsprogramme der Staaten nicht uniform die AUAs und die Lufthansas retten und die kreativen Neuen nicht entsprechend unterstützen. Das kann durchaus häufiger erwähnt werden.

Die Skepsis gegenüber der geringen Gefahr einer Inflation teile ich. Ich verstehe es nicht ganz, warum das in den Marktdaten gar nicht reflektiert wird. Was Herr Suppan gesagt hat, ist natürlich richtig, dass im Moment die Output Gaps ganz oben sind, also Produktionskapazitäten werden zu weniger als 100 % ausgenützt. Es gibt Arbeitslosigkeit, es kommt also auch von den Gehältern kein Druck. Aber das kann und wird sich hoffentlich ändern. In den USA sehen wir gute Arbeitsmarktzahlen, die sind gerade herausgekommen. Wenn es eintrifft, dass im Winter ein Impfstoff vorhanden sein wird, dann werden genau diese Themen relevant, dass die Supply Chains weniger effektiv werden, dass die Nachfrage nach Gütern anspringt. Auch Audi hat gerade ein Statement abgegeben, dass es einen großen Nachholbedarf an Konsum geben wird. Wenn hier die Gefahr einer Inflation gesehen wird, kann das in eine sehr hässliche Eigendynamik geraten.

HERBERT MATIS

Ich hoffe, ich unterstelle Max Planck nichts Falsches. Er soll einmal gesagt haben, er hätte deswegen Physik studiert, weil ihm die Ökonomie, die ihn sehr interessiert hätte, zu kompliziert war. Das möchte ich voranstellen.

Eine konkrete Frage. Sie betrifft die im Vortrag erwähnte zu geringe Eigenkapitalquote. Bei manchen Hilfsmaßnahmen ist die Situation sicher außergewöhnlich. Es sind exogene Faktoren, die hier in der Krise zum Tragen kommen. Auch diesbezüglich gibt es keine Erfahrungswerte. Ich befürchte, dass durch manche Hilfsmaßnahmen – wie auch Schumpeter geschrieben hat, es wurde im Vortrag auch angedeutet – die kreative Zerstörung, welche Dynamik in die Wirtschaft bringt, nicht zum Tragen kommt. Das heißt, dass Betriebe künstlich durch Interventionen am Leben erhalten werden, die einfach nicht mehr marktgerecht funktionieren oder nie funktioniert haben. Auch in meinem Umkreis kenne ich leider viele solche Unternehmen in Österreich, die auch unter Normalumständen laufend an der Schmerzgrenze entlang waten und jetzt mit der Krise eine willkommene Situation insofern vortreffen, dass sie sagen können, wir sind nicht schuld, sondern die Krise. Und dass man jetzt mit Aktionen versucht, die Marktkräfte zu unterbinden. Das mag jetzt ein extrem wirtschaftsliberaler Standpunkt sein, aber er hat schon eine Dimension, die nicht unwesentlich ist.

JOSEF ZECHNER

(An Gouverneur Holzmann gewandt) Ich habe gerade gehört, es gibt ein neues Profilinterview mit dir, wo diese kreative Zerstörung von Schumpeter sehr kritisch hinterfragt wird. Aber ich wollte das eigentlich auch betonen. Die Kurzarbeitsunterstützung in Europa et cetera, das ist gut. Alles einzufrieren kann vielleicht für ein paar Wochen sinnvoll sein, aber mittel- und längerfristig muss es einfach die Möglichkeit der

Insolvenz geben. Es wird eine Insolvenzwelle kommen. Die Frage ist, wie entschärft man die entstehenden Kosten? Effizientere Insolvenzverfahren könnten entwickelt werden, oder entsprechende Kontrollmechanismen. Steuerlich ist nicht zu verstehen, warum die negativen Externalitäten, welche die Verschuldung schafft, durch einen Steuervorteil perpetuiert werden, nämlich durch die reine Absetzfähigkeit der Zinsen und die Nichtabsetzfähigkeit einer Dividende, oder eines Unternehmerlohns.

ANTON ZEILINGER

Ich erinnere mich, zu Beginn der öffentlichen Diskussion dieser staatlichen Aktionen haben Sie, Herr Nationalbankpräsident, eine Bemerkung in diese Richtung gemacht. Da wurden Sie prompt sehr heftig attackiert.

JOSEF ZECHNER

Ja. Das ist in Österreich ein sehr heikles Thema.

ANTON ZEILINGER

Eines wissen wir aus der Geschichte, wenn man nicht die Wahrheit zur Kenntnis nimmt, dann muss man sie später viel härter zur Kenntnis nehmen.

JOSEF ZECHNER

Ich glaube, die Japaner haben das schon gelernt.

ANTON ZEILINGER

Wir alle danken Ihnen sehr herzlich für diesen interessanten Vortrag. Er war sehr „timely".

JOSEF ZECHNER

Derzeitige Positionen

- Professor für Finance and Investments am Institut für Finance, Banking und Insurance der Wirtschaftsuniversität Wien
- Co-Vorstand des Instituts für strategische Kapitalmarktforschung (ISK)

Arbeitsschwerpunkte

- Finanzwirtschaftliche Forschung und Praxis
- Förderung des wissenschaftlichen Nachwuchses

Ausbildung

1987	Habilitation für das Fach Allgemeine Betriebswirtschaftslehre an der Universität Graz
1980	Promotion zum Dr. rer. soc. oec. an der Universität Graz
1978	Sponsion zum Mag. rer. soc. oec. an der Universität Graz
1973–1978	Studium der Betriebswirtschaft an der Universität

Werdegang

Seit 2008	o. Univ.-Prof. für Finance und Investments an der WU Wien
Seit 2004	Wirkliches Mitglied der Österreichischen Akademie der Wissenschaften
1993–2008	o. Univ.-Prof. für Finanzwirtschaft an der Universität Wien
1996–2006	Direktor des Zentrums für Bank- und Finanzwesen an der Donau Universität Krems
1990–1993	Associate Professor (with tenure), University of British Columbia, Vancouver, Canada
1991–1992	Research Scholar, Graduate School of Business, Stanford University, USA
1985–1990	Assistant Professor, University of British Columbia, Vancouver, Canada

Weitere Informationen zum Autor finden Sie unter:
https://www.wu.ac.at/finance/people/faculty/zechner